Weil eine Welt mit Geschichten eine
bessere Welt ist.

Kurt Mikula

Ein Hippie in Lofer

Life is a story

schreib's auf
story.one

1. Auflage 2021
© Kurt Mikula

Herstellung, Gestaltung und Konzeption:
Verlag story.one publishing - www.story.one
Eine Marke der Storylution GmbH

Gesetzt aus Crimson Text und Lato.
© Fotos: Coverzeichnung und Fotos Innenseiten: Kurt Mikula

Printed in the European Union.

ISBN: 978-3-99087-497-4

Wenn du denkst, Abenteuer sind gefährlich, dann versuch ś mal mit Routine. Die ist tödlich.

INHALT

Blöder Felher :(

Bei mir ist alles perfekt. Bis auf meine Felher. Aha, du hast ihn also bemerkt. Wenn nicht, dann beginne einfach von vorne zu lesen.

Meine Frau Lehrer war im Fehlerfinden absolute Spitze. Die hat meine Aufsätze immer nur einmal durchlesen müssen, und hat sie mir dann als rote Kritzelzeichnungen wieder zurückgegeben. Leider hat meine Frau Lehrer nie verstanden, dass ich von "jeden Satz mit einem Fehler, nochmals dreimal schreiben", nicht besser wurde. Ja, sie hatte es nicht leicht mit mir und meiner Rechtschreibschwäche.

Dafür war ich ein schlaues Bürschchen in Mathe. Wenn der Lehrer meinte: "Vier von drei Schülern dieser Klasse, können nicht Kopfrechnen!", dann war ich einer der Wenigen die grinsen mussten. Mein Mathelehrer zwinkerte mir dafür ein anerkennendes Lächeln zu.

Oder wenn er sich ärgerte: "75 Prozent von euch haben anscheinend keine Ahnung vom Prozentrechnen!", und mein Freund Fred meinte: "So viele sind wir doch gar nicht!", dann waren das humoristische Highlights für meine Großhirnrinde.

Wie du vermutlich schon bemerkt hast, lenke ich gerne von meinen eigenen Schwächen der Orthografie ab. Darum zurück zur Rechtschreibung der deutschen Sprache. Wie meine Frau Lehrer immer wieder berechtigterweise betonte: "Nur wer seine Muttersprache beherrscht, ist in der Lage, seinem Gegner Ravioli zu bieten."

Meine Spezialität war der Buchstabenverdreher. Manche meinen, lechts und rinks kann man nicht velwechsern. Werch ein Illtum. Intelligente Sätze zu formulieren ist gar nicht so einfach. Schon ein einziger Buchstabendreher kann den ganzen Satz urinieren. Das passiert mir immer wieder. Auch heute noch.

Auch meiner kleinen Tochter ist das schon passiert. "Für den besten Papa auf der ganzen Welt. Ich hab lich dieb!" schrieb sie auf die Vatertagskarte. Da wurde mir ganz warm ums Herz. Ich habs schon beim ersten Durchlesen verstanden. Du auch? Super!

Nach neuesten wissenschaftlichen Erkenntnissen steigern Buchstabenverdreher sogar die neuronale Verknüpfung, sprich Synapsenbildung im Gehirn, indem sie die Signalverarbeitung in den Zellen der Großhirnrinde modulieren.

Auf Deutsch: Du wirst gscheiter. Das kommt nicht von mir. Ich bin bestimmt kein Wesserbisser. Das hat mir Dr. Pikewedia verraten. Und der kennt sich da aus. Ich habe diese Gehirnakrobatik noch perfektioniert.

Wie gut usenr Gerhin die Mstuer erknnet, knnsat du heir seehn. Es ist aslo eagl, in wlehcer Rienhnelfoge die Bcuhtsbaen in eniem Wrot sethen. Das eniizg wcihitge dbaei ist, dsas der estre und lzete Bcuhtsbae am rcihgiten Paltz snid. Der Rset knan ttolaer Bölsdinn sien, und man knan es torztedm onhe Porbelme lseen. Das ghet dseahlb, wiel wir nchit Bcuhtsbae für Bcuhtsbae enizlen lseen, snodren Wröetr als Gnaezs.

Schdae, dsas menie Faru Lerehr das dalmas nciht wtusse. Sie hätte scih so veil Ziet mit dem bölden krrroiigeen srpean können. Und ich hätte nhcit so veil Ziet mit dem bölden Vebresrsen veeudgert.

Ein Hippie in Lofer

"Sind Sie ein Hippie?!", fragte mich Franzi aus der vierten Klasse. Was mich nicht verwunderte. Auf Franzi musste ich wie von einem anderen Stern gewirkt haben: lange Haare und grüne Latzhose. War ursprünglich eine weiße Malerhose aus dem Baumarkt. Die habe ich in der Waschmaschine eingefärbt und anschließend mit Essig fixiert. Das war leider nicht immer verlässlich und hatte zur Folge, dass beim nächsten Waschgang die halbe Garderobe wieder umgefärbt wurde. Auf den Latz der Hose habe ich bunte Blumen mit Perlgarn gestickt.

Dazu trug ich ein violettes Hemd. Eigentlich war es ein Krankenhaushemd, das mir eine Freundin besorgte. Schön weit, bequem und hinten offen, damit man... du weißt schon ;). Das Hemd habe ich hinten zusammengenäht und ihm mit Bindetechnik, Wachs und Bügeleisen, einen Batiklook verpasst. Sah sehr gut aus.

Darüber hatte ich einen kuscheligen Pullover. Natürlich auch Selbstmade. Den habe ich in meiner Studienzeit gestrickt. War damals voll "in", dass Jungs während der Vorlesungen strickten. Damit konnte man bei den Mädels richtig Eindruck schinden. Zwischen meinen langen Haaren guckte noch ein Haarband in bunten Perlfarben hervor. Diesen Hippielook rundeten meine Gitarre mit der Aufschrift "Die Sonne geht für alle auf" und meine hübsche Frau im indischen Kleid perfekt ab.

Mein Direktor, dem ich mich in diesem Aufzug als neuer Junglehrer vorstellte, gestand mir Jahre später, was er sich beim Anstellungsgespräch dachte: "Oh Gott, was kommt denn da? Das wird ein Chaos in der Klasse werden."

Zu Weihnachten kauften wir, meine Frau und ich, unser erstes gebrauchtes Auto. Einen mausgrauen VW-Bus, Baujahr 1968. Der hatte damals noch keine Gebläseheizung. Wir fuhren im Winter immer mit Handschuhen und Haube. Nach zirka 20 Kilometern kroch durch ein Loch im Armaturenbrett die Abwärme des Motors langsam hervor und schmolz so ein kreisrundes Guckloch in das Eis der Innenscheibe.

Am Schulschluss ließen wir unseren Bus von den Schülern anmalen. Das Gefährt wurde zu einer Erdkugel, umgeben von einer Menschenkette, umgestaltet. Zu guter Letzt schrieben die Schüler noch "Kurt & Esther" in grellem Gelb auf die Front. Innerhalb weniger Wochen kannten uns alle im Ort.

Wenn ich von Lofer nach Salzburg fahren wollte, musste ich durch die Passkontrolle beim Zollamt Steinpass in Unken. Es gab ja nicht einmal die EU!

Dieses Procedere spielte sich folgendermaßen ab: Der Zollbeamte ließ mich mit meinem bunten Vehikel links ranfahren. Ich kurbelte die Scheibe hinunter. "Passkontrolle", sagte der Zöllner, musterte mich eindringlich und verschwand für 10 Minuten in der Kabine, um meinen Pass durchzuchecken.

Das wiederholte sich zirka ein halbes Jahr lang, bis der Zöllner meinen Pass mal genauer ansah und fragte: "Mikula? Sind sie vielleicht der Lehrer von meinem Sohn Franzi?" - "Genau der bin ich."

Seither wurde ich nur noch freundlich durchgewinkt :). Hippie-ey-jeah!

Weniger ist mehr

Ich verdiene monatlich - so ganz nebenbei - geschätzte 2.350,- EURO. Und das, ohne dafür auch nur einen Finger zu rühren.

Sicher fragst du dich jetzt, wie es sein kann, dass so ein kleiner Landesbediensteter so'ne Kohle macht? Ich weiß, über Geld spricht man nicht... aber ich verrat es dir trotzdem. Begonnen hat mein Geldregen mit der Entdeckung der Verzichts-Umwegrentabilität.

Frisch verliebt und verheiratet, bezogen meine Lieblingsfrau und ich unsere erste Lehrerwohnung. Mit 25 Quadratmetern, zwei Kochplatten, einem Bett, einer Abwasch im Klo und einer dauerverstopften Dusche war die Wohnung zwar klein, aber fein. Verliebte brauchen nicht viel, um glücklich zu sein. Nach drei Monaten kam mal unser Direktor zu Besuch und fragte mich, wo ich denn hier schlafe? Neben dem Bett! Am Boden! Im Schlafsack!

Im Handumdrehen bekamen wir die angrenzende Lehrerwohnung dazu. Jetzt hatten wir 50

Quadratmeter, vier Kochplatten, zwei Betten, zwei Abwäschen in zwei Klos und zwei dauerverstopfte Duschen.

Zeitgleich zog mein Bruder in seinen nigelnagelneuen Palast - mit riesigem Balkon und Seminarraum - ein. Jetzt wurde ich richtig neidisch. Denn ich hatte gerade meine Spielpädagogikausbildung fertig und bräuchte für meine Kurse genau so einen coolen Veranstaltungsraum.

Doch kam mir die Erkenntnis, dass ich etwas haben wollte, ohne dafür den Preis zahlen zu wollen. Nämlich 25 Jahre Kreditrückzahlung, alle fünf Jahre Balkon streichen und freitags drei Stunden Rasenmähen. Jahre später, ich war mittlerweile stolzer Besitzer einer kleinen Eigentumswohnung mit Garten, wurde mir bewusst, welch geniale Geldbeschaffungsidee ich mit diesem Gedanken geboren hatte. Ich rechnete nämlich die Kosten meines kleinen Eigenheimes mit den Kosten für den Palast gegen. Dazu kamen die ersparten Ausgaben für die Pflasterung des Vorplatzes und die Bepflanzung des Gartens.

Ich staunte, was ich schon alles gespart hatte. Euphorisiert durch den plötzlichen Geldsegen, begann ich mein schon lange geplantes Kachelofenprojekt konsequent nicht umzusetzen. Das brachte wieder eine Menge Geld ein. Nebenbei baute ich auch die benötigte Holzhütte nicht und vergrößerte damit meinen kleinen Garten um 4 Meter. Wieder eine Wertsteigerung.

Folgerichtig gewann ich ein freies Wochenende durch Nichtholz machen. Und Zeit ist Geld. Im Geldrausch tauschte ich unseren Kombi gegen ein Kleinauto. An diesem Tag verdiente ich, sage und schreibe, € 9.990,-. Ich war paff!

Nicht dass ich auf dem Konto jetzt mehr Geld hätte, nein! Aber es ist so, wie wenn man absichtlich bei Rot über eine Kreuzung fährt und nicht erwischt wird. Du hast € 200,- gespart.

Unsere Gedanken sind unsere Wirklichkeit. Das kann ich nur bestätigen. Ich fühl mich nämlich verdammt reich, ohne all diesem überflüssigen Ballast.

PS: Mein Bruder hat seinen "Ballast" letztes Jahr verkauft und ist in eine kleine schicke Eigentumswohnung gezogen. Er hatte keine Lust mehr den Balkon zu streichen.

Die Hälfte

Seit Greta Thunberg lässt mich die Erderwärmung auch nicht mehr kalt. Könnt mir eigentlich egal sein. Denn bis 2050 wird die Temperatur auf jeden Fall um zwei Grad steigen. Das ist unumkehrbar sagen die Wissenschaftler. Egal ob das Klimaabkommen von Paris erfüllt wird, oder ob wir so weitermachen wie bisher. Bei uns hat's dann Gardaseetemperaturen und ich muss auch nicht mehr nach Kroatien fahren. Mach ich halt Urlaub im Norden. Halb so schlimm. Ich bin dann schon gesegnete neunzig Jahre alt und sterbe bald. Glück gehabt. Hinter mir die Sintflut bzw. der Meeresspiegel.

Wenn da nicht, dank dem regen Liebesleben meiner Tochter und ihrem Freund, meine Enkeltochter dazwischengekommen wäre. Sie ist jetzt mangogroß und kommt hoffentlich gesund zur Welt.

Jetzt hab ich ein Problem. Denn in dreißig Jahren geht die Temperaturkurve erst so richtig auseinander. Je nachdem, was wir machen. Wenn wir den CO2-Ausstoß auf null herunterfahren, wird sich das Thermometer auf zwei Grad einpendeln. Wenn nichts passiert, wird's für mein Enkelkind so richtig heiß werden. Dann schnellt die Fieberkurve zu ihrem neunzigsten Geburtstag auf plus fünf Grad. Das wären dann 50 Grad draußen. Ohne Schatten, weil Bäume gibt's dann keine mehr.

Darum werde ich alles unternehmen, um meiner Kleinen noch ein schönes Leben zu ermöglichen. Irgendwann wird sie mir in die Augen schauen und fragen: "Opa, was hast du eigentlich getan?" Soll ich ihr sagen: "Ich hab's gewusst, aber mir war ´s wurscht. Ich fuhr eh nur ein Kleinauto, kaufte fleißig Fairtrade- und Bio-Produkte, war nie auf einem Kreuzfahrtschiff und hab sogar ab und zu einen Autostopper mitgenommen. Eigentlich bin ich eh ein ganz ein Braver. Die Chinesen und die Amerikaner, die waren's." Nein, sicher nicht!

Zwei Drittel der nötigen Klimaschutzmaßnahmen sind politische Entscheidungen, sagen die Greenpeaceler. Ein Drittel hat der Konsument in der Hand.

Und genau um dieses Drittel geht es mir. Soll ich nun Einsiedler werden? Ist nicht meins. Ich mach jetzt einfach die Halbe-Methode. Das Prinzip ist ganz einfach. Von allem die Hälfte. Statt jedes Jahr eine Flugreise, alle zwei Jahre. Dann habe ich schon mal den CO2-Jahresverbrauch, von meinem Kleinauto eingespart. Bei jedem zweiten Restaurantbesuch bestelle ich fleischlos. Jedes zweite Weihnachtspackerl wird mit meiner Tageszeitung eingepackt. Die Weihnachtsbeleuchtung wird mit der Zeitschaltuhr um die Hälfte reduziert. Bei jedem zweiten Lebensmitteleinkauf wird geradelt. Da tue ich auch noch was Gutes für meine Gesundheit. Das T-Shirt wird doppelt so lang angezogen wie bisher. Flugs habe ich schon 2500 Liter Wasser für die Herstellung eines T-Shirts gespart.

Du merkst schon, da läppert sich was zusammen. Vielleicht mache ich sogar noch die Hälfte von der Hälfte. Ich freue mich schon riesig auf meine Enkelin. Danke Lea, danke Jens und danke Greta.

Bild: Hurra! Meine Enkelin Lotta ist da!

Liebe Hinterbliebene!

Laut Statistik sterben 80 % der Menschen im Bett und nur 20 % der Menschen auf der Straße. Hab ich mal gelesen. Als Vielschläfer mit 9 Stunden Schlaf, und da ist mein Mittagsschläfchen nicht einmal mit eingerechnet, gehöre ich eindeutig zur gefährdeten Gruppe der bevorzugten Sterbekandidaten.

Ich habe lange versucht, das Thema Sterben und Tod zu verdrängen. Denn ich bin erst 59 Jahre alt und meine Mutter starb erst mit 82, mein Vater mit 77. Anderseits starb meine Oma schon mit 56 und mein Opa mit 32 Jahren. Hie und da verabschieden sich schon meine gleichaltrigen Freunde.

Die Einschläge kommen immer näher. Man kann also nie wissen, ob es nicht schon morgen soweit ist.

Also habe ich beschlossen, meinem Tod zuvorzukommen und schon zu Lebzeiten diese meine Abschiedsrede zu schreiben, die dann nach meinem Tod bei meiner Beerdigung veröffentlicht wird. Was logischerweise jetzt der Fall ist. Sonst würdest du ja diese Zeilen nicht lesen bzw. hören können.

Bei meiner Beerdigung will ich nämlich eine besonders berührende Rede über mich hören. Darum habe ich nach klugen Zitaten über das Leben und den Tod gegoogelt, die ich bei meiner Abschiedsrede einbauen könnte. Was ich da alles gelesen habe war wirklich sehr ergreifend. Ich habe dann doch auf die schönen Zitate verzichtet. Ich glaube, man hätte sofort gemerkt, dass die nicht von mir sind.

Dass ich jetzt vor dir im Sarg liege, verwundert dich vielleicht. Denn ich habe vor einigen Jahren meinen Körper der Paracelsus Universität in Salzburg vermacht. Damit die Studenten an mir lernen können. Mein Körper kommt für drei Jahre in eine Konservierungsflüssigkeit und die Studenten und Studentinnen dürfen dann an meinen Einzelteilen üben. Das wird lustig.

Damit nichts von mir verloren geht, werden alle meine Teile wieder eingesammelt, im Krematorium verbrannt und dann im Körperspendengrab am Salzburger Kommunalfriedhof, beigesetzt. Ich hab mir das Grab angesehen. Es ist sehr würdig. Ich wollte damals meinem Leben, über den Tod hinaus, noch eine Bedeutung geben.

Das habe ich mittlerweile rückgängig gemacht. Ist für mich doch irgendwie komisch, wenn ich nicht bei meiner eigenen Beerdigung dabei sein kann.

Wie es jetzt mit mir weitergehen soll, weiß ich auch nicht genau. Ich bin zwar römisch-katholisch, aber das mit der leibhaftigen Auferstehung habe ich nie so ganz kapiert. Drum heißt es ja Glauben und nicht Wissen. Ich glaube eher, dass ich durch die Erinnerung in meinen Kindern und Freunden weiterlebe. Halt so bis zur dritten Generation. Danach wird sich niemand mehr an mich erinnern können. Wie es dann mit mir weitergehen soll, weiß ich auch nicht.

Was auch immer geschehen mag, ich bin einverstanden!

PS: Sollte ein Scherzkeks dieses Schreiben schon vor meinem Ableben veröffentlichen, erkläre ich hiermit alles für null und nichtig. Ein Update folgt bestimmt.

Das Waldgeisterhaus

"Wenn ihr ganz still seid, spricht der Wald zu euch und zeigt euch seine Geheimnisse", flüstert Lea. Und tatsächlich entdecken die Kinder auf dem Weg durch den Zauberwald, da und dort kleine gezeichnete Botschaften unter moosbedeckten Felsen. Im Geäst der Bäume spielt der Wind mit Waldfeenbändern und Perlmuttketten, die im Sonnenlicht geheimnisvoll glitzern.

Lea ist eine Art große Pippi Langstrumpf und die Kinder lieben sie. Ich liebe sie auch, denn sie ist meine Tochter. Wenn sie zur Tür hereinkommt, geht die Sonne auf. Diesen Sommer ist sie für das Kinderprogramm des Tourismusverbandes Lofer zuständig. Jeden Donnerstag steht die Sage von "Waldemus, dem Waldgeist" auf dem Programm. Dafür haben wir den Weg durch den Zauberwald bis zum Waldgeisterhaus mit allerlei "Kinderüberraschungen" präpariert.

Dort angekommen, platzieren sich alle Kinder um den Holztisch in der kleinen Waldhütte und Lea beginnt ihre selbsterdachte Geschichte von "Waldemus, dem Waldgeist" zu erzählen:

"Vor langer, langer Zeit haben sich zwei Kinder, beim Kräutersammeln für ihre kranke Mutter, im Wald verirrt. Es war allerdings kein gewöhnlicher Wald, sondern ein Zauberwald, in dem Waldemus der Waldgeist herrschte. Der Herr des Waldes war jedoch zornig auf die Menschen, weil sie so viele Bäume abholzten und überall Plastik hinterließen. Deswegen, so hieß es, ließ er keinen Menschen mehr aus seinem Wald heraus. Plötzlich entdeckten die beiden Kinder ein kleines Hüttchen mit der Aufschrift: Waldemus Waldgeisterhaus. Als sie eintraten, hörten sie von draußen ein lautes Brummen. Das musste Waldemus, der Waldgeist sein."

Das war das Stichwort für meinen Auftritt. Verkleidet mit Harry-Potter-Zauberspitzhut, Franziskaner-Faschings-Kutte und verhangen mit Waldefeu, sprang ich hinter einem Baum hervor und donnerte mit meiner Stimme, dass der Waldboden nur so bebte: "Wer stört hier die Ruhe des Waldes? Wer versaut hier meinen Wald?"

Gott sei Dank hatte Lea gleich einen geeigneten Beruhigungsspruch zur Hand: "Waldgeist, Waldgeist, mach kein Getöse, wir sind nur Gäste und wollen nichts Böses!" Das besänftigte mich augenblicklich. Ich setzte mich zu den Kindern ins Waldhäuschen. Wir sprachen miteinander über den Wald, die vielen Tiere, die hier lebten und die Menschen. Als Dank für ihr Indianer-Ehrenwort, gut auf den Wald aufzupassen, zeigte ich ihnen den Weg ins nächste Dorf. Ich winkte ihnen noch lange hinterher, bis sie nicht mehr zu sehen waren.

Das ist jetzt schon viele Jahre her. Ich bin überzeugt, dass die Kinder ihr Versprechen halten werden. Ein Kind von damals ist mittlerweile schon eine bekannte Klima-Aktivistin. Ich glaube, sie hieß Greta ;).

Bild: Waldemus, der Waldgeist, mit den Kindern vor dem Waldgeisterhaus.

Die perfekte Wahlkampfrede

Ich bin verzweifelt. Alle stecken im Wahlkampfredefieber. Was kann ich den Politikern noch glauben? Bei all dem was sie von sich geben. Was wahr und was falsch - im Sinne von gefälscht und erlogen - ist, lässt sich immer schwerer unterscheiden.

Ich habe jetzt selbst eine perfekte Lösung gefunden. Die Wahlkampfrede mit Bürgerbeteiligung. Es handelt sich um eine meiner genialsten Ideen meines bisherigen kreativen Schaffens. Diese situationselastische Rede kann nicht nur von allen großartigen Politikern, sondern auch von allen Privatpersonen verwendet werden. Sie passt sich punktgenau dem zuhörenden Publikum an. Und das Beste ist; du kannst sie sofort ausprobieren.

So gehts: Kopiere die Redevorlage (unten) und bring sie in deinen Betrieb, zum Stammtisch, in die Sauna oder zur Selbsthilfegruppe mit. Bitte deine Gegenüber dir ungeniert irgendwelche Eigenschaftswörter laut zuzurufen. Trage diese Wörter wahllos in die Leerräume der Rede ein. Fertig!

Nun erhebe dich und lies deine persönliche Wahlkampfrede mit Überzeugung vor. Vermutlich wirst du mit euphorischem Applaus belohnt werden. Danke es deinem kleinen Wählerpublikum mit einem wissenden Lächeln und einer päpstlichen Handbewegung. Sollte wider Erwarten deine großartige Rede auf Ablehnung stoßen, kannst du immer noch sagen: "Das war nicht meine, das war eure Rede. Pasta!"

Egal, wie es ausfällt. Viel Spaß beim Ausprobieren! Hier die Kopiervorlage für die einzigartige Wahlkampfrede mit Bürgerbeteiligung:

Liebe Freundinnen, liebe Freunde!

Liebes .... Volk! Ich freue mich ganz besonders, an diesem .... Tag, hier in dieser .... Runde zu euch sprechen zu dürfen.

Es ist mir ein .... Anliegen, meine .... Gedanken und meine .... Vorstellungen, in diesem .... Kreise auszubreiten.

Wie ihr alle wisst, war ich immer schon ein
.... Mensch, mit vielen
.... Visionen.

Darum ist es mir eine .... Ehre und
ein .... Bedürfnis, mit euch diese
.... Stunde zu verbringen.

Ich werde mich mit .... Einsatz
und mit .... Überzeugung für das
.... Wohl aller meiner ....
Mitbürger und Mitbürgerinnen einsetzen.

Ihr könnt euch auf meine ....Ver-
sprechungen voll und ganz verlassen. Ganz gro-
ßes .... Ehrenwort.

Doch jetzt genug der .... Worte.
Erhebt mit mir die .... Gläser.
Stoßen wir gemeinsam auf diesen ....
Freudentag an.

Danke für eure .... Aufmerksam-
keit! Prost!

:) - :) - :) - :)- :)

Spätestens jetzt müsste unwillkürlich tosen-
der Applaus einsetzen.

Cool

Ich wollte was ganz Neues machen. Etwas, dass ich noch nie gemacht hatte. Etwas ganz Cooles. Das habe ich auch sofort gefunden. Eisbaden. Als Warmduscher erschauderte ich bei dem bloßen Gedanken an das eiskalte Wasser. Es soll ja Menschen in Finnland und Russland geben, die mit Äxten und Motorsägen Löcher in die Eisdecken von Seen und Flüssen hacken oder sägen und voller Lebenslust ins kalte Nass steigen. Manche sogar minutenlang. Und das soll sehr gesund sein.

Beim Googeln, was ich so beachten sollte, um nicht gleich in eine Kälteschockstarre zu fallen, begegnete mir Iceman Wim Hof. Ein moderner Doktor Kneipp. Er badet im Eis, geht nur mit kurzen Hosen und Schuhen bekleidet am Mount Everest spazieren und hält einige Weltrekorde, unter anderem im Barfuß-auf-Schnee-Halbmarathon. Das ist genau mein Mann. Ich probiere gleich die Wim-Hof-Atemtechnik aus und starte meine 30-Tage-Eisbaden-Challenge.

Tag eins. Ich fahre in die Vorderkaserklamm.

Dort gibt es einen kleinen Badeteich. Der ist zum Anfangen ideal. Da sieht mich keiner. Die erste Überraschung: Zugefroren. An eine Axt oder Motorsäge habe ich nicht gedacht. Ich wandere also gut zwei Kilometer flussaufwärts den Wildbach entlang. Schließlich finde ich ein passendes Loch im Eis. Gerade so tief, dass ich darin sitzen kann. Ich mach meine Atemübung zur Vorbereitung und stürze mich mit Badehose hurtig ins eisige Nass. Da spüre ich auch schon, wie das Adrenalin einschießt, sich meine Blutgefäße zusammenziehen und unwillkürlich die Schnappatmung einsetzt. Nach 30 Sekunden bin ich auch schon wieder draußen. Was für ein "Kick"!

Tag zwei. Heute gehe ich an die Saalach, einem wildromantischen Fluss. Der ist nicht zugefroren. Ich finde bald ein geeignetes Plätzchen für den winterlichen Badespaß. Eine Minute Kälteschock.

Tag fünf. Zwischen Felsen und moosbewachsenen Baumstämmen habe ich inzwischen mein Lieblingsbadeplätzchen gefunden. Mittlerweile habe ich eine unaufgeregte Routine entwickelt: Wenn ich ins 2 Grad kalte Wasser steige, atme ich ganz ruhig weiter, konzentriere mich nur auf meinen Körper. Dabei spüre ich in mich hinein und denke absolut an nichts. Das ist wunderbar. So zwei Minuten. Wenn ich aus dem Wasser steige, fühle ich mich wie neu geboren. Und das jeden Tag.

Tag zwanzig. Diese Woche ist Dauerfrost angesagt. Wassertemperatur: 1 Grad. Außentemperatur: Minus 15 Grad. Inzwischen ist das tägliche Eisbad keine Überwindung mehr, sondern eine wahre Freude. Mal bin ich eine Minute im Wasser, mal fünf Minuten. Der ganze Stress fällt von mir ab und ich bin wieder voller Energie.

Tag dreißig. Heute bin ich in der Strohwollner Schlucht unterwegs. Obwohl es erst Mitte Februar ist, hat es frühlingshafte Temperaturen. Ich sitze mit geschlossenen Augen im sprudelnden Wasser. Die Sonne scheint mir ins Gesicht und ich höre den Wasserfall neben mir plätschern.

Die 30-Tage-Eisbaden-Challenge geht heute zu Ende. Ab morgen mach ich Frühlings-Baden!

Eine Nacht in der Bahnhofsmission

Es läutet an der Tür. Ich öffne und überfallsartig stürmt ein bärtiges Ungetüm mittleren Alters an mir vorbei in mein Büro, fällt dort in Richtung Herrgottswinkel auf die Knie und murmelt etwas vor sich hin. Vermutlich sollte es ein Gebet sein. Kaum beendet, sehe ich mich schon mit einer Geldforderung konfrontiert.

Die Situation erinnert mich an einen Banküberfall. Geld oder Leben! "Geld habe ich keines, aber eine Jause kann ich Ihnen anbieten." Mehr braucht es nicht. Schon prasselt eine wütende Schimpftirade auf mich herab und der Mann verschwindet so schnell wie er gekommen ist.

Das war meine erste Begegnung mit Oskar, einem Obdachlosen, und mir, dem neuen Pfarrsekretär der Pfarre Mariahilf-Bregenz. Oskar besuchte mich fortan regelmäßig.

Die Pfarrhaushälterin machte ihm eine deftige Jause und ich versorgte ihn mit Kleidung der Caritas und Friseurterminen, bei denen ich später die Rechnung beglich. Frisch frisiert und rasiert war Oskar nicht wiederzuerkennen. Ein stattlicher Mann. Irgendwann tauchte er einfach nicht mehr auf.

Das letzte Lebenszeichen, das ich von Oscar erhielt, war einige Monate später eine Weihnachtskarte mit dem Vermerk: "An Kurt Nikolaus! Liebe Grüße dein Freund Oskar, Bahnhofslagernd Linz." Das freute mich sehr.

Ein Jahr später, ich war mittlerweile Student in Graz, beschloss ich ein Selbsterfahrungsexperiment zu wagen. Eine Nacht als Obdachloser. Mein Plan war einfach. Ausgestattet mit einem Rucksack voller Bier und Wutzelzeug setzte ich mich zu einem Sandler auf eine Bank in der Fußgängerzone. Alles Weitere würde sich schon ergeben. Verkleiden musste ich mich nicht. Lange Haare, abgetragene Kleidung, passte gut. Ab jetzt war ich der völlig abgebrannte Kurt aus Bregenz, soeben in Graz angekommen und auf der Suche nach einer Schlafmöglichkeit.

Ich teilte mit meinem "Bankkollegen" Bier und Tschick und er gab mir dafür den Tipp mit der Bahnhofsmission. "Da kannst du schlafen. Kost nix! Musst aber um 20 Uhr dort sein. Sonst kriegst du keinen Platz mehr." Er hatte recht. Es wartete schon eine Männerschlange am Anmeldeschalter und ich reihte mich dazu. „Das wären dann 15 Schilling", sagte ein Mitarbeiter der Notschlafstelle. "Hab nix", sagte ich. Beim Lügen fühle ich mich so verdammt schlecht. "Aber das nächste Mal", kam zurück.

Ich begab mich mit den andern in den Warteraum und zündete mir eine Tschick an. "He, raus! Hier wird nicht geraucht." fauchte mich ein Kollege an. Schon war ich als unwissender Neuling enttarnt. Um 21.30 wurde der Schlafsaal geöffnet. Die 8 Eisenstockbetten wurden bezogen und pünktlich um 22.00 Uhr ging das Licht aus. Es wurde kein Wort mehr gesprochen. Genauso pünktlich um 6.00 morgens ging das Licht wieder an und alle mussten raus. Um 6.30 war keiner mehr da.

Ich hätte noch so viele Fragen an dieses Leben gehabt und wünschte mir, mein Freund Oskar wäre jetzt hier. Er hätte sicher gewusst, wo wir beide jetzt ein Frühstück herbekommen. Vielleicht im nächsten Pfarramt?

Mikroabenteuer Mittsommer

Bei jedem IKEA-Einkauf muss ich ans Sterben denken. Das liegt an den Papiermetermaßbändern, die es dort in jeder Abteilung zum Gratis-Abreißen gibt. Und an einer Seminarübung. Die geht so: Nimm das 100cm Maßband. Kürze es auf deine statistische Lebenserwartung. Bei mir waren das 81 cm. Ich war großzügig und hab mir selbst noch 12 cm geschenkt. Dann reißt du noch dein Alter vorn vom Papierband ab. Was du jetzt in deinen Händen hältst, ist die Lebenszeit, die dir noch bleibt. Was sagst du dazu? Ganz schön kurz hab ich gedacht.

Wenn ich schon meinem Leben nicht mehr Jahre geben kann, möchte ich zumindest meinen Jahren mehr Leben geben. Deshalb begann ich sofort eine Löffelliste zu erstellen. Das ist eine Liste mit Dingen, die ich noch erleben will, bevor ich den Löffel abgebe. Auf dem allerersten Post-it meiner To-do-Liste stand: Übernachten unterm Sternenhimmel. Ohne Zelt natürlich, sonst sieht man ja die Sterne so schlecht. An meine letzte

Freiluftübernachtung konnte ich mich kaum noch erinnern. War wahrscheinlich irgendwann in meiner Jugendzeit.

Sei stärker als deine stärkste Ausrede, sagte ich mir und begann mein Mikroabenteuer in die Tat umzusetzen. Die Sommersonnenwende schien mir der ideale Tag für mein Abenteuer. Das Große Hundshorn, das perfekte Platzerl für den Blick auf das Sternenmeer.

Handyfrei, bepackt mit Rucksack und Aufregung, gings direkt von meiner Haustüre los. Ich durchwanderte die wildromantische Strohwollner Schlucht, stieg zur urigen Scheffsnother Alm auf und erreichte nach 3 ½ Stunden das Gipfelkreuz auf 1705 Meter. Der freie Rundumblick auf die Loferer und Leoganger Steinberge, das Steinerne Meer und den Wilden Kaiser, war überwältigend. Es war ein warmer Sommertag. Kein Wölkchen trübte den Himmel. Auf der einen Seite der weiße Mond im blauen Abendhimmel und gegenüber der tiefrot untergehende Feuerball.

Da saß ich einfach, schaute und genoss den Moment. Dazu gabs Schafskäse, Oliven, Tomaten und Schwarzbrot. So schmeckt also das

Glück. Mit den letzten Sonnenstrahlen, die hinter dem Wilden Kaiser verschwanden, schwand auch der letzte Tropfen aus meiner Rotweinflasche. Zeit, um zwischen den Latschen ein Platzerl für mich und meinen Schlafsack zu suchen. Ich lag noch lange wach und schaute in den Sternenhimmel. Ich wollte nicht Einschlafen, bis die Weinschwere doch die Oberhand gewann.

Jedes Jahr zur Sommersonnenwende erwacht in mir erneut die Sehnsucht, dem Himmel näher zu sein. Zwischenzeitlich war ich zur Mittsommernacht auf dem Gipfel der Waidringer Steinplatte und dem Wildseeloder, um am längsten Tag des Jahres, den Rotwein unterm Sternenzelt zu leeren. Besser gehts nicht.

Meine IKEA-Einkäufe sind seltener geworden. Aber wenn doch, dann reiß ich mir immer noch ein Gratis-Papiermaßband ab und schau mir meine verbleibende Lebensspanne an. Super, denk ich mir. So viel Zeit, um noch so viele schöne Dinge zu erleben.

Foto: Sommersonnenwende auf dem Wildseelodergipfel, 2118 Meter

Corona hat mich stark gemacht

Wenn dich Corona voll getroffen hat. Wenn es um deine Existenz geht. Wenn du nachts vor Sorgen nicht schlafen kannst. Wenn du nicht mehr weißt, wie du deine Arbeit und die Homeschooling-Betreuung unter einen Hut bringen sollst. Dann empfehle ich dir, hier nicht mehr weiterzulesen. Es könnte sein, dass du dich unverstanden fühlst.

Vor eineinhalb Jahren sah ich das erste Mal die Bilder von der abgeriegelten Stadt Wuhan. Die Bevölkerung einer ganzen Stadt wurde eingesperrt. "Das geht halt nur in Diktaturen!", hab ich mir gedacht. Aber Gott sei Dank, alles weit weg. Ein paar Monate später sah ich die Bilder von den überfüllten Spitälern und den vielen Toten in Italien. Aber Gott sei Dank, auch noch weit genug weg. Vor einem Jahr wurden dann im benachbarten Tirol die ersten Coronafälle entdeckt. Eine Woche später wurde meine Schule geschlossen. Das ging ruck zuck und schien mir ein bisschen übertrieben. Ich habe damals das

Ganze nicht so richtig ernst genommen. Corona hat die Welt aufs Zimmer geschickt um nachzudenken.

Im ersten Lockdown hatten wir unseren Fremdenverkehrsort ganz für uns alleine. Ich erinnere mich noch genau, wie ich mitten im Spazierengehen abrupt stehen blieb, weil irgendetwas nicht stimmte. Plötzlich fiel es mir auf. Es war still. Ich hörte zum ersten Mal diese absolute Stille.

Hie und da begegnete man einem Bekannten, erkundigte sich, wie es dem anderen gehe oder fragte, ob man beim Einkaufen helfen könne. Man hörte auch von Delphinen, die in der Bucht von Venedig gesichtet wurden und wie die Erde wieder langsam durchatmet.

Es kamen auch die ersten Verschwörungstheorien auf. China will mit dem Virus den Altersdurchschnitt senken und Bill Gates will mit seinen Chip-Implantaten noch mehr Geld machen und die Weltherrschaft übernehmen.

Die vielen Informationen haben mich schlecht schlafen lassen. Das alles zog mich runter. Damals beschloss ich etwas zu tun, um stärker aus der Corona-Krise herauszugehen, als ich hineingezogen wurde. Nur dass es so lange dauert, dachte ich nicht.

Ich überlegte mir folgenden Plan: Nur noch eine Nachrichtensendung täglich. Alle Corona-WhatsApps werden sofort gelöscht. Facebook wird konsequent ignoriert. Jeden Tag ein bis zwei Stunden raus in die Natur. Und zwar bei jedem Wetter. An meiner Persönlichkeitsentwicklung arbeiten und mindestens zwei neue Dinge lernen, die ich noch nicht kann. Zudem habe ich mir ein Jammerverbot verordnet.

Das mache ich seit einem Jahr. In dieser Zeit hat sich mein Blick von außen nach innen gerichtet. Das war eine super Entschleunigung. Die Adventzeit habe ich noch nie so still, besinnlich und entspannt erlebt. Nein-Sagen war kein Problem mehr. Ich habe Drum-Gitarre gelernt. Das wollte ich schon lange. Und ich habe das Eisbaden entdeckt. Eine sehr coole Sache.

Bald wird Corona keine Bedrohung mehr sein. Aber ich bin sicher, die nächste Herausforderung klopft schon bald wieder an die Tür. Dann weiß ich: Ich schaffe das!

Erlöse uns von den Schwulen?

Meine Mutter hat mich reichlich gesegnet. Unser Weihwasserkessel, direkt neben der Haustüre, war nie ausgetrocknet. Wenn ich das Haus verließ, gab es immer drei nasse Kreuzerl auf die Stirn. Speisen segnete meine Mutter auch selbst. Bei größerem Segensbedarf gab es Verstärkung durch die Franziskanerpatres aus Bregenz. Sie segneten meine erste Gitarre und mein erstes Fahrrad. Ein knallgelbes Drei-Gang-KTM. Ich hatte es mir selbst zusammengespart und durfte es mir dann zu meinem zwölften Geburtstag kaufen. Ich war so stolz darauf.

Später beim Bundesheer segnete der Militärpfarrer meine Waffe. Auch Panzer und Kampfhubschrauber wurden gesegnet. Von den katholischen Würdenträgern wurde so ziemlich alles gesegnet. Nicht nur Eier oder österliches Schweinefleisch. Auch Feuerwehrfahrzeuge, Motorräder, Firmengebäude, Hotels, Gondelbahnen, Bergstationen, Weihnachtskrippen und Haustiere.

Darum verstehe ich nicht, warum der Vatikan homosexuellen Beziehungen seinen Segen verweigert. Da war wohl das Motto "Vorwärts ins Mittelalter" das Leitmotiv. Vor allem die Begründung der römischen Glaubenskongregation stößt mir sauer auf. Denn da hieß es, dass gleichgeschlechtliche Verbindungen nicht "den Plänen Gottes" entsprechen würden. Ich frage mich, wer da wohl der vatikanische Spion war, der hier mit Gott im Sandkasten spielte, um in die Kenntnisse seiner Pläne zu gelangen?

Eine Woche nach der Verkündigung Roms kam die unübersehbare Antwort aus meiner Heimatpfarre. Vor der Kirche in Hard wurde eine Regenbogenfahne gehisst. An der Kirchentür und in der Kirche prangte ebenfalls das farbenfrohe Symbol. Dazu die herzliche Einladung zum Sonntagsgottesdienst mit dem Thema: "Das kann nicht Gottes Wille sein."

Auch das Infomail der österreichischen "Pfarrer-Initiative", der mehr als 350 Mitglieder aus den Reihen der römisch-katholischen Amtskirche angehören, ließ nicht lange auf sich warten: „Wir segnen auch weiterhin gleichgeschlechtliche Paare." Respekt.

Ich glaube auch nicht, dass der Wert der Ehe zwischen Mann und Frau gesteigert wird, indem man andere Formen des Zusammenlebens abwertet. Vielleicht hat die katholische Kirche auch nur Angst, dass das vatikanische Kartenhaus der Doppelmoral in sich zusammenfallen könnte. Angeblich sind zwei Drittel der Kirchenmänner selbst homosexuell. Und mit dem Zölibat nehmen es manche auch nicht so genau, wie dieser Witz veranschaulicht:

Zwei Pfarrer unter sich. "Was glaubst? Dürfen wir bald Lesben und Schwule segnen?" Kollege: "Ich glaube nicht, dass wir das noch erleben werden. Aber vielleicht unsere Kinder".

Die Regenbogenfahne vor der Harder Kirche wurde in der Zwischenzeit abgefackelt. Das wird wohl nicht der vatikanische Spion gewesen sein. Es gibt noch viel zu tun!

Bild: Die Regenbogenfahne vor der Pfarrkirche in Hard (Fotos rechts) wurde angezündet (Foto links).

Auf den Wassern des Lebens

Ich verließ den Hafen meiner Kindheit und fuhr mit meinem Einhandsegler aufs offene Meer hinaus. Ohne Karte und ohne Kompass. Nicht einmal eine Rettungsweste hatte ich mit im Gepäck. Egal.

Das Leben war mein großer Plan, das Abenteuer mein Ziel und meine Naivität gab mir Sicherheit.

Ich zischte mit meiner zerbrechlichen Nussschale blitzschnell über die schaumgekrönten Kämme und spaltete mit dem Bug die Wellen. Den Gegenwind der Freiheit im Gesicht. Das Ruder fest in der Hand. Manchmal sah ich in den Höhen und Tiefen der wogenden Schaumkronen kein Land mehr. In den Stürmen war ich allein auf mich gestellt. Das war ein hoher Preis für meine Freiheit.

Wer nicht weiß, in welchen Hafen er segeln will, für den ist kein Wind günstig. Mir war der Hafen wurscht. Ich wollte das Leben spüren. Die raue See.

Als die Sonne, das Meer wieder glattstrich, warteten schon die nächsten Herausforderungen auf mich. Sandbänke aus Vorschriften und Dogmen die mich bremsen wollten. Schroffe Felsklippen aus althergebrachten Konventionen, an denen ich vorbeischrammte, ehe sie mich brechen konnten. Und auch die Untiefen der ersten verlorenen Liebe blieben mir nicht verborgen.

Dann war ich vierundzwanzig und lernte Esther kennen. Sofort tauschte ich meinen Einhandsegler gegen eine Schinakl ein. Das ist in der österreichischen Umgangssprache ein kleines wackeliges Boot ohne Segel. Leute, die nicht schwimmen können oder Angst vorm Wasser haben, sollten lieber ein Schiff nehmen. Esther und ich schaukelten unbeschwert herum, lachten viel miteinander und erreichten nach drei Jahren den Hafen der Ehe.

Dort tauschten wir unser Schiffchen gegen ein größeres Boot. Ein Hausboot. Denn in der Zwischenzeit hatten sich auch noch zwei blinde Passagiere eingenistet. Um die hatten wir uns auch noch zu kümmern. Jetzt wars vorbei mit der Schinaklschaukelei. Wir beide mussten die Aufgaben einer ganzen Schiffsmannschaft übernehmen. Esther war Schiffskoch, Segeltuchmacher,

Deckschrupper und Matrose. Ich war Schiffsjunge, Schiffszimmermann, Segelsetzer und Steuermann. Die Kapitänsrolle teilten wir uns. Ehrlich gesagt, auch die des Steuermanns. Manchmal kamen wir uns vor wie auf einer unterbesetzen Schiffsgaleere. Wir ruderten und ruderten und fielen nachts erschöpft in unsere Kojen. Nach 25 Jahren verabschiedeten sich unsere beiden Mitfahrgäste.

Abermals tauschten wir unser schwimmendes Gefährt. Diesmal gegen ein kleines, aber feines Kajütboot. Damit tuckern wir zurzeit auf den Kanälen unserer neu gewonnenen Freiheit herum. Überflüssigen Ballast haben wir über Bord geworfen. Darum gibt es auch nicht mehr viel zu tun. Wir liegen am Sonnendeck und das Leben zieht mit sechs km/h an uns vorbei. Wir schauen den Wolken nach, staunen, sind dankbar und genießen.

Manchmal, wenn uns die Abenteuerlust überkommt, holen wir unser Kanu vom Vorderdeck und paddeln durch unbekannte Nebenkanäle einem neuen kleinem Abendteuer entgegen. Carpe Diem!

Corona-Urlaub

Das Leben ist so viel besser, wenn man eine Reise vor sich hat, auf die man sich freuen kann. Wie wahr. Und da habe ich schon ein Problem. Den Corona-Lockdown! Nix mit Reisen. Schön daheimbleiben.

Jetzt ist März. In unserem Vorgarten liegt noch eine Menge Schnee. Osterferien sind auch noch. Verlässlich, wie das Amen im Gebet, überfällt mich alljährlich um diese Zeit die Sehnsucht nach Wärme, Weite und Abenteuer.

Meine Frau teilt diese Sehnsüchte mit mir. Seit über zwanzig Jahren kurven wir zu Ostern mit unserem Camper durch die Toskana, die Emilia-Romagna oder entlang der ligurischen Küste umher. Wir folgten den Spuren des Franz von Assisi durch Umbrien, und klapperten jedes unbefestigte Seitenstrasserl ab. Kurz gesagt, wir kennen dort jedes Pflanzerl und jeden Stein. Mit dem Frühstück am sonnendurchfluteten Marktplatz von Siena wird's dieses Jahr wohl nichts werden. Traurig, aber wahr. Der Mensch denkt, Corona lenkt.

Wenn du jetzt glaubst, ich bin deshalb total deprimiert, irrst du dich. Erstens weiß ich, das Leben ist zu kurz um ein langes Gesicht zu machen. Und zweites habe ich wohlweislich vorgesorgt und mir eine Hängematte bestellt. Die habe ich gestern bekommen.

Eine Luxushängematte mit Überbreite. Mit ihr möchte ich heute eine kleine Abenteuerreise, unter Einhaltung aller Corona-Regeln, machen. Lokal, regional und klimaneutral. Genauso wie unsere Biobauern.

Ich genieße die Aufregung des Aufbruchs. Mit dem Rucksack starte ich direkt von meiner Haustüre ins Abenteuer. Ich stapse ums Hauseck, überquere die Wohnstraße, biege scharf links ab, ziehe meine Spuren übers Schneefeld, gehe auf dem schwammigen Boden der gatschigen Sumpfwiese entlang, winde mich durchs Gestrüpp, vorbei an einigen kleinen Birken, hüpfe über einen schmalen Wassergraben und schwupps, bin ich schon in meinem Urlaubsparadies. Einem einsamen, uneinsehbaren Plätzchen, mitten im wilden Moor. Ein guter Landeplatz für das Glück. Keine vierhundert Meter von zu Hause entfernt.

Es ist warm. Die Sonne lacht mir ins Gesicht. Ich such mir zwei starke Bäume, um die Hängematte zu montieren. Kann ja nicht so schwer sein. Befestige zwei breite Gurte als Baumschoner. Daran klicke ich die Hängematte mit den Karabinern ein. Über die Hängematte spanne ich noch einen Regenschutz.

Bis das Ganze zu meiner Zufriedenheit verspannt ist, hat sich die Sonne schon verabschiedet und es wird empfindlich kalt. Schlüpfe liebend gern in meine kuschelige Residenz. Winterschlafsack habe ich keinen. Dafür aber zwei Sommerschlafsäcke ineinandergesteckt. Coole Idee! Die müssten den Zweck auch erfüllen, denk ich mir. Ich lausche der Nacht und schlafe zufrieden und glücklich ein. Bis zwei Uhr morgens. Mir ist saukalt. Es hat zwei Grad. Die Sommerschlafsäcke heißen nicht umsonst Sommerschlafsäcke. Ich ziehe mir noch die Daunenjacke über und kuschelte mich noch tiefer ein.

Morgens weckt mich Vogelgezwitscher. Ich rufe laut: "Guten Morgen, schönes Leben!"

Lauter Jungunternehmer

Ich hielt das Kuvert hoch und erklärte den Schülern das Prinzip: "Es ist ganz einfach. Jedes Team, das mitmachen will, kann sich bei mir ein Kuvert mit 20.- Euro abholen. Gratis! Einfach so. Eure Aufgabe ist es, mehr daraus zu machen. Lasst euch was einfallen. Ihr habt 50 Tage Zeit. Zu Pfingsten wird abgerechnet."

Die Idee zur "Talente-Vermehrungs-Aktion" stammt von niemand Geringerem als von Jesus aus Nazareth himself. Glaubst du nicht? Ist aber so.

Jesus erzählt im Gleichnis von den Talenten eines reichen Mannes, der auf Geschäftsreise geht. Seinen drei Knechten vertraut er vor der Reise seine ganze Habe an – je nach ihren Fähigkeiten ein, zwei oder sogar fünf Talente. Das war damals eine Währungseinheit und ein ziemliches Sümmchen. Nach seiner Rückkehr mussten die Drei Rechenschaft ablegen, was sie aus seinem Geld gemacht hatten. Die ersten beiden Knechte investierten, erwirtschafteten einen Gewinn und wurden dafür belohnt. In der Bibel kommt nur der dritte Diener schlecht weg. Er hatte das Geld vergraben, aus Angst, er könnte etwas falsch machen. Das hat seinem Herrn gar nicht gefallen. Was der Hausherr mit dem armen Kerl gemacht hat, kannst du im Matthäus-Evangelium 25,14-30 nachlesen.

Das Schülerinteresse an der Gründung eines kleinen Startup-Unternehmens war enorm. Das Geld wurde mir förmlich aus den Händen gerissen.

Was in den folgenden fünfzig Tagen zwischen Ostern und Pfingsten passierte, war ein einzigartiges, kreatives Feuerwerk an Ideen und bewundernswertem Engagement. Es wurde ein Fensterputzdienst gegründet, ein Babysitterdienst eingerichtet, eine Kapelle ausgemalt, Schokolade geschmolzen. Es wurden Marmeladen eingekocht, Muffins gebacken, Seifen gegossen, Holzherzen gesägt, Lesezeichen foliiert und Schmetterlinge gestrickt. Mittels Bauchladen wurden die Selfmadeprodukte an den Mann und die Frau gebracht oder beim Garagen-Flohmarkt angeboten.

Dann kam auch für die über dreißig Schülerteams der Tag der Abrechnung. Unser Direktor gestand, er habe sich anfangs Sorgen um das Geld gemacht. Nun ist er stolz darauf, wie erfolgreich die Idee von den Schülerinnen und Schülern umgesetzt wurde. Im Gegensatz zum Gleichnis von den Talenten, gab es unter den Schülern keinen dritten Knecht, der das Geld vergraben hatte und nun dafür "bestraft" werden musste. Wenn du brav bei Mt 25,14-30 nachgelesen hast, weißt du, was ich meine.

Ich bekam von allen Teams meinen zwanzig Euro Investitionsvorschuss zurück und die "Schmetterlingskinder" bekamen eine Spende von 4.350,- Euro.

Ich verspreche Euch, dass auch wir, das Team des EB-Hauses, unser Bestes tun, um diese "Talente" (= Euros), die Ihr uns gegeben habt, durch unsere Talente weiterzuvermehren, damit möglichst vielen unserer Patienten geholfen werden kann! Liebe Grüße aus dem EB-Haus, dem "Haus für die Schmetterlingskinder"! Dr. Anja Diem.

Die Schüler haben gezeigt, wie Pfingsten funktioniert. Mit BeGEISTerung.

Chancenlose Liebe

Sie, ganz in Weiß mit einem selbstgepflückten Margeritenstrauß. Er, in der Gendarmerie-Uniform. Das machte Eindruck. Für einen eigenen Hochzeitsanzug reichte das Geld nicht. Das war auch nicht wichtig. Ich betrachte das Hochzeitsbild. Die beiden lieben sich. Daran gibt es keinen Zweifel.

Mit der Kraft des unbändigen Willens, für seine Familie ein Zuhause zu schaffen, hob mein Vater mit Schaufel und Schubkarren die Baugrube für den Keller aus, brannte, aus Spargründen, die Lehmziegel selbst und mauerte allein die Wände hoch. "Ich war ein Schinder", sagte er über sich selbst. Meine Mutter schenkte ihm dafür im Gegenzug vier stramme, quirlige Jungs. Mein Vater war stolz, meine Mutter war glücklich.

Mitten in dieses Familienglück schlug das Schicksal mit voller Härte hinein. Meine Mutter wurde krank. Diagnose Schizophrenie. Sie kam für ein Jahr in die geschlossene Abteilung der Nervenheilanstalt. Dann holte sie mein Vater, auf eigene Verantwortung, wieder raus. Aufgedunsen, verzögert, mit Elektroschocks behandelt und mit Medikamenten vollgepumpt.

Das war nicht mehr die Frau, die er einmal kannte. Mein Vater lehrte sie wieder lesen, schreiben, einkaufen, den Haushalt führen und sich um uns Kinder zu kümmern. Das gelang ihr auch immer besser. Sie versuchten auch wieder für die Liebe zwischen Ihnen einen Platz zu finden. Aber gegen die manischen Depressionen, den Verfolgungswahn und die schizophrenen Schübe, hatte die Liebe keine Chance mehr.

Nach acht Jahren war mein Vater am Ende seiner Kräfte und ließ sich scheiden. Er ging in seine geliebte Heimat Kärnten zurück. Wir Kinder blieben bei Mama. Der Jüngste von uns war gerade acht, der Älteste achtzehn Jahre.

Jahre später, ich war inzwischen selbst verheiratet und hatte Kinder, machte ich eine Familienaufstellung. Mein Vater war einfach von heute auf morgen nicht mehr da. Er hatte mich verlassen und ich hatte keine Erinnerung an den Abschied. Ich denke, das nennt man Verdrängung. Das wollte ich genauer anschauen.

Ich meldete mich sofort für die Aufstellung. Doch der Leiter meinte nur, ich soll mir noch etwas Zeit lassen.

Am Abend schoss mir plötzlich ein Gedanke ein. Ruf Papa doch an und frag ihn einfach. Zwanzig Jahre schon trage ich diese Frage mit mir herum. Nie wäre mir in den Sinn gekommen, sie ihm zu stellen. Ich ging zur nächsten Telefonzelle und wählte seine Nummer. Er hob sofort ab.

Obwohl ich ihn nur selten anrief, klang er nicht überrascht. Ohne Umschweife fragte ich: "Hast du dich nach der Scheidung eigentlich von mir verabschiedet, bevor du nach Kärnten gingst?" "Nein, das habe ich nicht. Es hätte mir das Herz gebrochen, mich von euch Jungs zu verabschieden. Ich bin einfach in der Nacht still und heimlich verschwunden. Und das tut mir heute noch leid." Das war vielleicht nicht das, was ich hören wollte. Aber es war ehrlich und ich war versöhnt. Danke Papa. Familienaufstellung brauchte ich keine mehr.

Hochzeitsfoto meiner Eltern 1957

Kurt Mikula

Jahrgang 1962, gebürtiger Vorarlberger, seit 34 Jahren auch Salzburger, Gitarrist, Hängemattenschläfer, Klettersteiggeher, Kinderliedermacher, Religionspädagoge, Partner- & Familienberater, Kommunikationstrainer, Spielpädagoge, Optimist mit depressivem Streifschuss, Legastheniker, sehr geduldig, Eisbader, stolzer Vater, glücklicher Opa, schon ewig verbandelt mit der humorvollsten Ehefrau von allen, unbeugsam, wühle gerne im Leben herum. www.mikula-kurt.net

Alle Storys von Kurt Mikula zu finden auf

www.story.one

schreib's auf
story.one

Viele Menschen haben einen großen Traum: zumindest einmal in ihrem Leben ein Buch zu veröffentlichen. Bisher konnten sich nur wenige Auserwählte diesen Traum erfüllen. Gerade einmal 1 Million publizierte Autoren gibt es derzeit auf der Welt - das sind 0,013% der Weltbevölkerung.

Wie publiziert man ein eigenes story.one Buch?

Alles, was benötigt wird, ist ein (kostenloser) Account auf story.one. Ein Buch besteht aus zumindest 15 Geschichten, die auf story.one veröffentlicht werden. Diese lassen sich anschließend mit ein paar Mausklicks zu einem Buch anordnen, das sodann bestellt werden kann. Jedes Buch erhält eine individuelle ISBN, über die es weltweit bestellbar ist.

Auch in dir steckt ein Buch.

Lass es uns gemeinsam rausholen. Jede lange Reise beginnt mit dem ersten Schritt - und jedes Buch mit der ersten Story.

#livetotell

9 783990 874974